**Bibliografische Information der Deutschen Nationalbibliothek:**

Die Deutsche Bibliothek verzeichnet diese Publikation in der Deutschen National-
bibliografie; detaillierte bibliografische Daten sind im Internet über http://dnb.d-
nb.de/ abrufbar.

**Impressum:**

Copyright © 2011 GRIN Verlag
Druck und Bindung: Books on Demand GmbH, Norderstedt Germany
ISBN: 9783656126614

**Dieses Buch bei GRIN:**

https://www.grin.com/document/188810

Anonym

# Nachrichtenoligopol und Weltinformationsordnung

**Eine kritische Betrachtung der Einflüsse und Einflussnahme der Weltagenturen**

GRIN Verlag

**GRIN - Your knowledge has value**

Der GRIN Verlag publiziert seit 1998 wissenschaftliche Arbeiten von Studenten, Hochschullehrern und anderen Akademikern als eBook und gedrucktes Buch. Die Verlagswebsite www.grin.com ist die ideale Plattform zur Veröffentlichung von Hausarbeiten, Abschlussarbeiten, wissenschaftlichen Aufsätzen, Dissertationen und Fachbüchern.

**Besuchen Sie uns im Internet:**

http://www.grin.com/

http://www.facebook.com/grincom

http://www.twitter.com/grin_com

**I. Nachrichtenoligopol und Weltinformationsordnung.** Eine kritische Betrachtung der Einflüsse und Einflussnahme der Weltagenturen

Die Langlebigkeit der Weltnachrichtenagenturen in der neueren und neusten Geschichte ist bemerkenswert; in einer Epoche fortwährender Epochenumbrüche, in der nichts von allzu langer Dauer zu sein, nichts zu verweilen scheint, ist die ungebrochene Bedeutung der Weltagenturen, welche man wohlgemerkt als privatwirtschaftliche Unternehmen oder zumindest als Unternehmungen der Privatwirtschaft auffassen muss, fast beispiellos. *Too big to fail?* Die unbestritten Weltagenturen Reuters, AFP und AP, genießen einen guten Ruf, an dem auch die Debatte um die Weltinformationsordnung, die linke Medienkritik und nicht einmal die vielen vermeintlichen digitalen Revolutionen der letzten Jahre rühren konnten. Zu bedeutend ist ihre Rolle in der Struktur der Medien und viel zu nützlich sind sie für ihre Kunden und Unterstützter, zu denen u. a. Unternehmen aller Art, Staaten, Regierungen und nicht zuletzt der nachrichtenhungrige Durchschnittsbürger zählen, als dass jemals ihr Oligopol aufgehoben werden konnte. Vom Wohlwollen der öffentlichen Hand und der privaten Wirtschaft sowie von einer Art einzigartigem Konsens des Westens getragen, scheinen sie ohne Alternative zu sein. Und auch XINHUA vermag nach dem Ende der Sowjetunion und des ungebremsten Aufstiegs Chinas im Wesentlichen nichts anderes als nur die chinesische Version von ITAR-TASS zu sein. Dieser Essay soll die angedeutete Kritik im Überblick aussprechen.

Qua ihrer Aufgabe, der Förderung von Erziehung, Wissenschaft und Kultur sowie Kommunikation und Information, hat sich die UNESCO immer wieder mit der Bedeutung von Nachrichtenagenturen auseinander gesetzt. So stellte sie bereits 1953 die folgende Definition für Nachrichtenagentur auf:

„A news agency is an undertaking of which the principal objective, whatever its legal form, is to gather news and material, of which the sole purpose is to express or present facts, and to distribute it to a group of news enterprises, and in exceptional circumstances to private individuals, with a view to providing them with as complete and impartial a news service as possible against payment and under conditions compatible with business laws and usage."[i]

Diese Definition ist auch heute noch im Kern gültig und kann fast bedenkenlos für die Beschreibung von kleineren Agenturen auf nationaler oder lokaler Ebene übernommen werden. Hinsichtlich der Weltagenturen oder der größeren nationalen Agenturen ist die Formulierung „to distribute it [news, material, facts] in <u>exceptional circumstances</u> to private individuals" allerdings fragwürdig. Sie marginalisiert nämlich die medienfremden Aktivitäten von Nachrichtenagenturen, denen sie schon seit ihrem Aufkommen nachgegangen sind und die erheblich zu ihrem Aufstieg beigetragen haben. Die Errichtung einer Nachrichtenagentur setzt schließlich einen hohen Kapitalaufwand allein schon dadurch voraus, dass es ein großes Netz von Korrespondenten und Vertretungen zu knüpfen gilt. Vor dem Aufkommen des Internets kamen zudem die immensen Kosten für die Nutzung der Telegraphen- und Fernschreibeanlagen hinzu, sodass die Finanzierung nie allein durch den reinen Verkauf von Nachrichten an Presseunternehmen sicher gestellt war. Eine sehr erklecklichen „Neben"verdienst bescherte den Nachrichtenagenturen daher das Wirtschaftsinformationsgeschäft, das im Fall von Reuters seit den 80er Jahren sogar 90% der Einkünfte ausmacht. Aber nicht nur in den Industrie- und Wirtschaftskreisen finden die Agenturen medienfremde Abnehmer ihrer Nachrichten, sondern auch in Parteien, Verbänden, Gewerkschaften und in Regierungen, Behörden sowie anderen staatlichen Organen. Diese Verflechtungen sind äußerst einträglich, doch nicht unproblematisch, da Nachrichtenagenturen die „diffuse Legitimität"[ii] der Unabhängigkeit und Objektivität genießen. Zunächst muss man feststellen, dass diese Legitimität nicht unbegründet ist, da Nachrichtenagenturen anfangs als Genossenschaften (AP), Treuhandgesellschaften (Reuters) oder GmbHs (dpa) auftraten, in denen das Stammkapital relativ gleichmäßig verteilt ist, um den Einfluss der einzelnen Gesellschafter zurückzudrängen. Im Fall von AP und dpa hat sich dieser Status bis heute erhalten. Anders gelagert ist der Status von AFP, das zwar öffentlich-rechtlich organisiert ist, dadurch allerdings einen nicht unerheblichen staatlichen Einfluss hinnehmen muss, sowohl im Vorstand als auch durch die 40%-ige staatliche Alimentierung. Eine ganz eindeutige staatliche Abhängigkeit besteht bei XINHUA, welche man voll und ganz als Staatsagentur Chinas bezeichnen kann. Ferner gibt es noch das Beispiel UPI für eine rein privatwirtschaftlich geführte Nachrichtenagentur. Reuters wiederum fungiert nach seinem Börsengang 1984 als Publikumsgesellschaft, deren Unabhängigkeit von einzelnen Anteilseignern zunächst durch ein kompliziertes Stimmsystem und einer Maximalbeteiligung von 15% sichergestellt worden war. Für den Aufkauf durch den Thomson-Konzern, der seit 2007 eine 53%-ige Beteiligung an dem neuen Unternehmen Thomson-Reuters hält, wurden das einstige Prinzip, „nie in die Hände einer Interessengruppe oder Partei zu geraten"[iii], außer Kraft gesetzt. Aber auch bei genossenschaftlich-gesellschaftlich geführten Agenturen gerät die Anteilsbegrenzung leicht zur Staffage, wenn einzelne Gesellschafter letztendlich zum selben Medienkonzern gehören. Die Legitimität der Nachrichtenagentur erscheint also nach näherer

Betrachtung tatsächlich als sehr diffus. Sie begründet sich allein aus dem öffentlichen Auftrag der gesamten Publizistik, welche einen wichtigen Teil der freiheitlich-demokratischen Ordnung einnimmt, nämlich den der Bildung der öffentlichen Meinung und der Kontrolle und Vorformung der politischen Willensbildung,[iv] sowie aus dem Vorurteil der Unabhängigkeit und Objektivität. Man kann hier tatsächlich von einem Vorurteil sprechen, denn die Legitimationsbasis wird durch die zahllosen Verstrickungen mit Staat und Wirtschaft geschwächt. Da jene Verwicklungen allerdings anscheinend überlebensnotwendig sind, fällt ein Umstand noch viel schwerer ins Gewicht: Das Oligopol der Agenturen, welches sich nach dem Zusammenbruch des Ostblocks weiter eingeengt hat. „Despite the existence of nearly a hundred other news agencies world-wide, they show few signs of breaking the global domination of the three remaining principal players, AP, Reuters and AFP. [...] These organisations remain the prisms through wich most international news enter the public domain, even today."[v] Der Vormarsch des Internets, welches fast kostenlose Nachrichtenübermittlung in Realzeit möglich macht und in dem jeder Twitterer theoretisch zum Korrespondenten avancieren könnte, wird an diesem Oligopol zwar weiter rühren, doch da, z. B. Reuters durch den Aufkauf von VISNEWS, die Agenturen nicht nur Nachrichtentexte sondern auch Nachrichtenvideos liefern, nehmen sie auch Einfluss auf das Angebot von Nachrichtensendungen in Funk, Fernsehen und dem Internet[1]. Insgesamt obliegt vor allem den Weltagenturen somit eine ungeheures Strukturierungspotential gegenüber den nachgeordneten Medien; sie sind mächtige „Gatekeeper"[vi] und „Private Wholesalers of Public Information"[vii]. Gerade die Metapher des „Privaten Großhändlers öffentlicher Informationen" ist bezeichnend für das Problem: Die durch die Pressefreiheit geschützte „Verbreitung reiner Nachrichten"[viii] als öffentlicher Anliegen liegt in den Händen weniger privatwirtschaftlich funktionierender bzw. teilstaatlicher bis staatlicher Nachrichtenagenturen. Philip M. Taylor schreibt dazu am Beispiel von AP: „The actual amount of foreign news which was filtered out by AP editors prior to distribution to subscribers in the United States would have terrified Walter Lippmann."[ix]

Stellt man sich den Aufstieg der Nachrichtenagenturen als Symptom des Zerfalls der klassischen bürgerlichen Öffentlichkeit, also des rasanten Bedeutungsverlust der durch das Publikum der Privatleute, z. B. in den Diskussionen des Räsonments, ausgetragenen Publizität vor,[x] so kann man diesen mit Jürgen Habermas als Brandbeschleuniger einer Entwicklung kritisieren, in welcher die Kultur- und Bewusstseinsindustrie der sogenannten Medien eine

---

1   Hier z. B. die Nachrichtenclips auf den Webseiten der Magazine und Zeitungen.

Scheinöffentlichkeit hervorbringt, welche die Diskussion dem Publikum entzieht, in die Form von Diskursen überführt und warenförmig macht. Die vermeintlich objektive und unabhängige Nachricht der Agenturen erfährt dadurch eine ganz besondere Wertschätzung und somit befinden sich im Warenauslage der Medien vor allem: „Crime stories with 47.66 per cent of its output to domestic customers",[xi] wie Taylor am Beispiel von AP ausführt. Die Nachrichtenagenturen erscheinen somit als Agenten der Medienindustrie zur Befriedigung des Ereignis- und Nachrichtenhungers der sogenannten Öffentlichkeit. Die Nachrichtenagenturen sind gewiss nicht unabhängig und objektiv, sondern Teil eines medienindustriellen Komplex: Sie besitzen Strukturierungspotential gegenüber den Medien, denen sie wiederum gehören; die Strukturierung fällt somit zugunsten der Medienkonzerne bzw. der medienfremden Akteure, also Wirtschaftskreisen bzw. Regierungen aus, die entweder die meisten Anteile halten oder am meisten bezahlen.

Noch viel schwerer als diese normative Kritik im Sinne der Frankfurter Schule wirkt allerdings das ungelöste Problem der Weltinformationsordnung. Dem Bekenntnis der westlichen Welt zum „free flow" der Informationen, welcher auch Gründungsbekenntis der UNESCO war, stand vor allem in den 70er und 80er Jahren der Wunsch der blockfreien Staaten der Dritten Welt und der Schwellenländer nach einer gerechten Weltinformationsordnung gegenüber, die Hand in Hand mit einer neuen Weltwirtschaftsordnung gehen sollte. Grund dafür war die Ungleichverteilung von Radiofrequenzen, Satellitenplätzen, Fernsehstationen und vor allem der Nachrichtenagenturen zugunsten der Industrieländer, also des westlichen und des östlichen Blocks. Die „free flow"-Agenda hat zur einer klar nördlich dominierten Weltinformationsordnung geführt, was dazu führte, dass „die metropolitan-abendländisch sozialisierten Journalisten, die in den Diensten der Weltagenturen stehen, die Selektion und Inhaltsgebung der Nachrichten bestimmen".[xii] Nachrichten aus blockfreien Ländern, Schwellenländern oder Ländern der „Dritten Welt"[2] sind daher, wenn sie überhaupt verbreitet werden, seit jeher i. d. R. von einem „bad news-syndrom" befallen, d. h. es interessieren eigentlich nur Katastrophen und (Konter-)Revolutionen. Die kritische Position dieser Länder wurden auf dem Treffen der Blockfreien Staaten 1973 in Algiers, 1976 in Tunis und Neu Delhi artikuliert, fand aber nur zum kleinen Teil Eingang in die „Deklaration über die Grundprinzipien für den Beitrag der Massenmedien zur Stärkung des Friedens und der internationalen Verständigung, zur Förderung der Menschenrechte, zur Bekämpfung von

---

2   Diese Bezeichnung ist ebenfalls Produkt dieser einseitigen Weltsicht, so wie der Zustand des Bezeichneten Ergebnis einer einseitigen Weltwirtschaft ist.

Rassismus, Apartheid und Kriegshetze",[xiii] welche die UNESCO auf ihrer Generalkonferenz im Herbst 1978 verabschiedete, auf der sich die Pressefreiheitsdoktrin des Westens wieder durchgesetzt hat. In der Folge der erneuten Diskussionen um die Weltinformationsordnung auf der 22. UNESCO-Generalkonferenz 1983, haben Großbritannien und die USA die UNESCO verlassen, in die sie erst 1997 (UK) und 2003 (USA) zurückgekehrt sind. In der Folge wurde das Thema auf Ebene der vereinten Nationen nicht mehr aufgegriffen, obgleich sich die UNESCO zumindest im Kleinen für die Förderung der Medien aus der „Dritten Welt" einsetzt, damit diese wenigstens überhaupt einen Zugang zum „free flow" der Informationen haben.

Die Idee einer Nachrichtenagentur an sich soll hier gar nicht kritisiert werden; es geht vor allem darum den Umstand, dass einige wenige Nachrichtenagenturen mit schwacher Legitimationsbasis, diffusen Verwicklungen und einem westlich (bzw. chinesisch) orientiertem Weltbild die so wichtige Gatekeeper-Funktion einnehmen, anzugreifen und an die Idee einer Neuen Weltinformationsordnung zu erinnern. Wie eine Alternative zum Nachrichtenoligopol aussehen könnte, demonstriert die Nachrichtenagentur Inter Press Service (IPS), welche sich vor allem der Nachrichtenverbreitung aus Sichtweise der Entwicklungsländer verschrieben hat. Der Grund dafür, dass IPS trotzdem nur eine Randstellung einnimmt, liegt nicht zuletzt darin, dass hintergründige und reflektierte Themen zu Fragen der Globalisierung und der Entwicklung nur kaum und wenig einträglich abzusetzen sind, das illustriert das große Dilemma der Weltinformationsordnung und der Informationsordnung unserer Köpfe, in dem das Oligopol der Weltagenturen schlussendlich nur ein Teilproblem darstellt.

## II. Bibliographie

Jürgen Habermas: Strukturwandel der Öffentlichkeit, Frankfurt am Main, [2]1990.

Jianming He: Die Nachrichtenagenturen in Deutschland. Geschichte und Gegenwart, Frankfurt am Main, 1996.

Michael Minholz, Uwe Stirnberg: Der Allgemeine Deutsche Nachrichtendienst (ADN). Gute Nachrichten für die SED, München, 1995.

Ulrich Schenk: Nachrichtenagenturen als wirtschaftliche Unternehmen mit öffentlichem Auftrag, Berlin, 1985.

Bruno Schmidt-Bleibtreu, Franz Klein: Kommentar zum Grundgesetz für die Bundesrepublik

6

Deutschland, Darmstadt, [5]1980.

Martina Schumacher: Ausländische Nachrichtenagenturen in Deutschland vor und nach 1945, Köln, 1998.

Philip M. Taylor: Global Communications, International Affairs and the Media since 1945, New York, 1997.

Jeremy Turnstall: Worldwide News Agencies – Private Wholesalers of Public Information, In: Jim Richstadt, Michael H. Anderson (Hgg.): Crisis in International News, New York, 1981.

Jürgen Wilke (Hg.): Agenturen im Nachrichtenmarkt, Köln, 1993.

UNESCO (Hg.): News Agencies – their Structure and Operation, Paris, 1953.

UNESCO: UNESCO Mediendeklaration, In: Europa Archiv 7, 1979, S. 190-192.

Peter Zschunke: Agenturjournalismus. Nachrichtenschreiben im Sekundentakt, Konstanz, 2000.

7

i UNESCO (Hg.): News Agencies – their Structure and Operation, Paris, 1953, S. 25.
ii Ulrich Schenk: Nachrichtenagenturen als wirtschaftliche Unternehmen mit öffentlichem Auftrag, Berlin, 1985, S. 37.
iii Ebd., S. 40.
iv Vgl. u. a. BVerfGE 12, 260; BVerfGE 12, 125; BVerfGE 20, 174; BVerfGE 8, 113
v Philip M. Taylor: Global Communications, International Affairs and the Media since 1945, New York, 1997, S. 68.
vi Dieser, dem Vokabular der Kommunikationswissenschaft entliehene Begriff wird in der Literatur sehr oft auf die Nachrichtenagenturen angewandt. Vgl. Taylor, S. 68.
vii Jeremy Turnstall: Worldwide News Agencies – Private Wholesalers of Public Information, In: Jim Richstadt, Michael H. Anderson (Hgg.): Crisis in International News, New York, 1981, S. 259.
viii Bruno Schmidt-Bleibtreu, Franz Klein: Kommentar zum Grundgesetz für die Bundesrepublik Deutschland, Darmstadt, [5]1980, S. 199.
ix Taylor, S. 69.
x Jürgen Habermas: Strukturwandel der Öffentlichkeit, Frankfurt am Main, [2]1990, S. 86ff.
xi Taylor, S. 69.
xii Schenk, S. 60.
xiii UNESCO: UNESCO Mediendeklaration, In: Europa Archiv 7, 1979, S. 190-192.